ORAISON FUNÈBRE

PRONONCÉE

Par l'Abbé Mattei

PROFESSEUR AU PETIT SÉMINAIRE D'AJACCIO

SUR LA TOMBE DE SON ÉLÈVE

VIRGILE CRISTINACCE

DÉCÉDÉ A VICO, LE 12 SEPTEMBRE 1878

AJACCIO
IMPRIMERIE JOSEPH POMPEANI
1878

ORAISON FUNÈBRE

PRONONCÉE

Par l'Abbé Mattei

PROFESSEUR AU PETIT SÉMINAIRE D'AJACCIO

SUR LA TOMBE DE SON ÉLÈVE

VIRGILE CRISTINACCE

DÉCÉDÉ A VICO, LE 12 SEPTEMBRE 1878

AJACCIO
IMPRIMERIE JOSEPH POMPEANI
—
1878.

ORAISON FUNÈBRE

PRONONCÉE

Par l'Abbé MATTEI

Professeur au Petit Séminaire d'Ajaccio

SUR LA TOMBE DE SON ÉLÈVE

VIRGILE CRISTINACCE

DÉCÉDÉ A VICO, LE 12 SEPTEMBRE 1878.

Ignoscenda quidem scirent si ignoscere Manes
          Virgile.

MESSIEURS,

Vous vous êtes réunis autour de ces cendres chéries pour pleurer sur le cercueil d'un ami, d'un parent que la mort a frappé dans la fleur de l'âge, et vous voulez, sans doute, que le témoin de sa vie, le confident de son cœur, son professeur dévoué soit l'interprète fidèle de votre douleur, et qu'après avoir recueilli son dernier soupir, il rende à sa mémoire un triste et dernier hommage. C'était, en effet, dans les mœurs anciennes, l'ami le plus dévoué qui remplissait une fonction si douloureuse : l'on voit encore dans l'histoire les fleurs embaumées dont Jérôme orna la tombe de son cher Népotien, et à travers les siècles écoulés on peut encore entendre les accents plaintifs dont les Bernard et les Ambroise faisaient retentir les funérailles de leurs frères. Je viens donc pleurer avec vous sur une tombe prématurément ouverte ; je viens y répandre en votre nom quelques fleurs que j'ai cueillies çà et là dans la trop rapide existence d'un cousin tendrement aimé. Ah! si je suis sous l'empire d'une affliction profonde, ne me condamnez pas, ô mon Dieu ; Jésus lui-même a frémi ; il s'est troublé, il a pleuré sur le tombeau de Lazare, son ami.

Celui, Messieurs, dont aujourd'hui nous déplorons si vivement la perte, naquit dans cette ville de Vico l'an mil huit cent soixante. Dès que sa raison naissante commença à jeter quelques lueurs, ses parents se préoccupèrent sérieusement de son éducation, et après quelques années d'études préparatoires, ils le plaçaient au Petit-Séminaire d'Ajaccio, voulant sous la direction de maîtres aussi instruits que zélés doter son esprit d'une instruction solide, et placer ce cœur qui s'ouvrait à peine à la vie, à l'abri des séductions et des dangers du monde, tant ils redoutaient qu'une main ennemie ne vînt semer l'ivraie du vice dans cette terre neuve qui promettait une si riche moisson de vertus. A partir du jour où il franchit le seuil de ce pieux asile, Virgile ne songea plus qu'à faire des progrès en science, et surtout en vertu, sachant bien que sans celle-ci, la science dégénère souvent en orgueil, en aberrations d'esprit, dont la pernicieuse influence entraîne la société vers l'abîme. Aussi amour du travail, obéissance parfaite, recueillement habituel, lectures édifiantes et instructives, fréquentation des sacrements, telles furent ses occupations, ses goûts, ses délices pendant les six années qu'il a passées au Petit-Séminaire. Mais c'était surtout dans la prière qu'il trouvait son suprême bonheur, car soutien dans la faiblesse et refuge dans la douleur, la prière est aussi l'aliment de l'intelligence replacé dans sa plus haute dignité; elle élève l'âme au-dessus de l'empire du temps pour ne lui laisser ni le désir de ses prospérités trompeuses, ni le regret de ses fragiles espérances. Et d'ailleurs, Virgile au plus intime de son être, au centre de ses affections et de ses pensées trouvait un puissant besoin de cette ascension mystérieuse de l'âme vers Dieu, source de tout bonheur et en qui résident la science, la vérité, l'illumination du génie et l'inspiration de la gloire. Oh! quel charme pour ses maîtres, et pour ses condisciples quel bel exemple d'édification, lorsque dans les sublimes élans d'une âme pure et sans tache on voyait une douce joie briller sur son front et des larmes de bonheur couler de ses paupières.

Or, ce fut au milieu des labeurs d'une vie qui s'écoulait à l'ombre du sanctuaire sans soucis et sans remords, qu'il ressentit les premières atteintes d'une cruelle maladie qui devait le ravir si vite à l'affection de nous tous et à la tendresse de ses parents. Et savez-vous, Messieurs, ce qu'il fit alors? Il réunit tous ses amis et leur dit d'une voix ferme, mais sympathique : *O mes amis, bientôt je ne serai plus de ce monde,* de ce monde où il vivait pur comme l'azur du ciel, suave comme la fleur des champs. En effet, lorsqu'il s'épanouissait aux tièdes rayons de ce bienfaisant soleil dont les clartés nous inondent, le vent du désert a passé, le lis embaumé s'est incliné sur le bord des eaux, flétri sur sa tige d'un jour. Mourir à dix-huit ans, au milieu des plus beaux rêves de la vie, quel sort affreux, et c'est le tien, ô mon ami ! Pourtant l'avenir s'offrait à ses regards parsemé de radieuses espérances ; tout le conviait à sourire à la vie, et du fond de son cœur il pouvait s'écrier avec raison : encore un chant d'amour. Mais le poète l'a dit, *la mort a des rigueurs à nulle autre pareilles*; et nous voyons tous les jours que tout ce qui brille et rayonne ne dure qu'un instant.

Et comment peindre ici sa patience, sa résignation au sein des plus cruelles angoisses ! Un doux sourire n'a jamais cessé d'errer sur ses lèvres mourantes, qui loin de s'entr'ouvrir pour exhaler des murmures ou des plaintes, ne savaient que bénir Dieu et implorer son secours. La paix de son âme se reflétait sur tous ses traits et l'espérance brillait sur son front animé par la candeur et l'innocence. Vous étiez-là, anges du ciel, ses frères, pour le soutenir et lui communiquer un rayon de votre gloire, au milieu des étreintes cruelles de la mort, pendant ces derniers combats de la nature expirante. Aussi, l'épuisement et les défaillances du corps, le spectacle d'une âme au bord d'un abîme inconnu, un soleil qui s'éteignait, une voix qui expirait, un sépulcre qui s'ouvrait, un adieu suprême aux parents et aux amis de la terre, rien n'a troublé un seul instant le calme et la sérénité de son cœur. La mort elle-même, vous l'avez vu, Messieurs, a été impuissante à effacer l'empreinte de cette majesté muette, et comme à l'heure où l'horizon s'abaisse, tandis que les vapeurs qui montent, et les ombres qui descendent couvrent de ténèbres et de rosée les plaines immenses, on voit la crête des monts retenir encore les derniers rayons de l'astre évanoui, ainsi Virgile montre son visage éclatant parmi les ombres de la mort.

O souvenir précieux d'un ami qui a expiré dans les bras de la vertu ! O bien cher Virgile, heureux ceux qui vivent et meurent comme toi ! Mais qui adoucira notre amère douleur ? Qui consolera ton vieux père, dont le cœur a été si cruellement éprouvé ? Pauvre père ! qui verrez-vous, qu'entendrez-vous, quand égaré par une douleur toujours renaissante vous chercherez autour de ses amis l'ombre de votre fils bien-aimé, quand vous demanderez à des murs insensibles comme un écho des derniers accents de sa voix ? Qui consolera tes sœurs éplorées, ton jeune frère, et cet oncle affectueux qui sur la terre étrangère te préparait dans sa pensée un brillant avenir? Qui consolera tes nombreux amis du Petit-Séminaire, lorsque bientôt de retour parmi eux je leur dirai que déployant ta jeune aile tu as pris ton essor pour t'envoler vers un monde meilleur? C'est toi, oui, c'est toi qui nous consoleras ; c'est toi qui des brillantes hauteurs de ton éternelle demeure à travers les espaces et les essaims innombrables d'êtres merveilleux feras descendre dans notre cœur ulcéré quelques gouttes de baume, un avant-goût de cette joie céleste dont tu partages les transports avec ta mère et tes sœurs moissonnées comme toi au printemps de la vie ; c'est toi qui nous soutiendra en te constituant auprès de Dieu notre puissant intercesseur jusqu'au jour où nous viendrons te rejoindre dans l'éternelle paix du Seigneur. Ah! que ceux qui ont perdu l'espérance de l'immortalité cherchent à oublier les morts, qu'ils s'épargnent la stérile douleur de pleurer sur une poussière insensible, qu'ils ne viennent pas demander à des restes inanimés un rayon d'espoir et de consolation ; mais nous, Messieurs, qui croyons, nous qui avons les présages les plus consolants sur la destinée éternelle de celui que nous pleurons, nous qui voyons, à la lumière de la foi, Virgile vivant et immortel devant le Dieu qu'il a servi si fidèlement, ne disons pas adieu à notre ami, mais au revoir, et en attendant consolons-nous par le souvenir de ses vertus, et par la pensée qu'il prie pour nous dans le Ciel.

REQUIESCAT IN PACE.

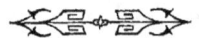

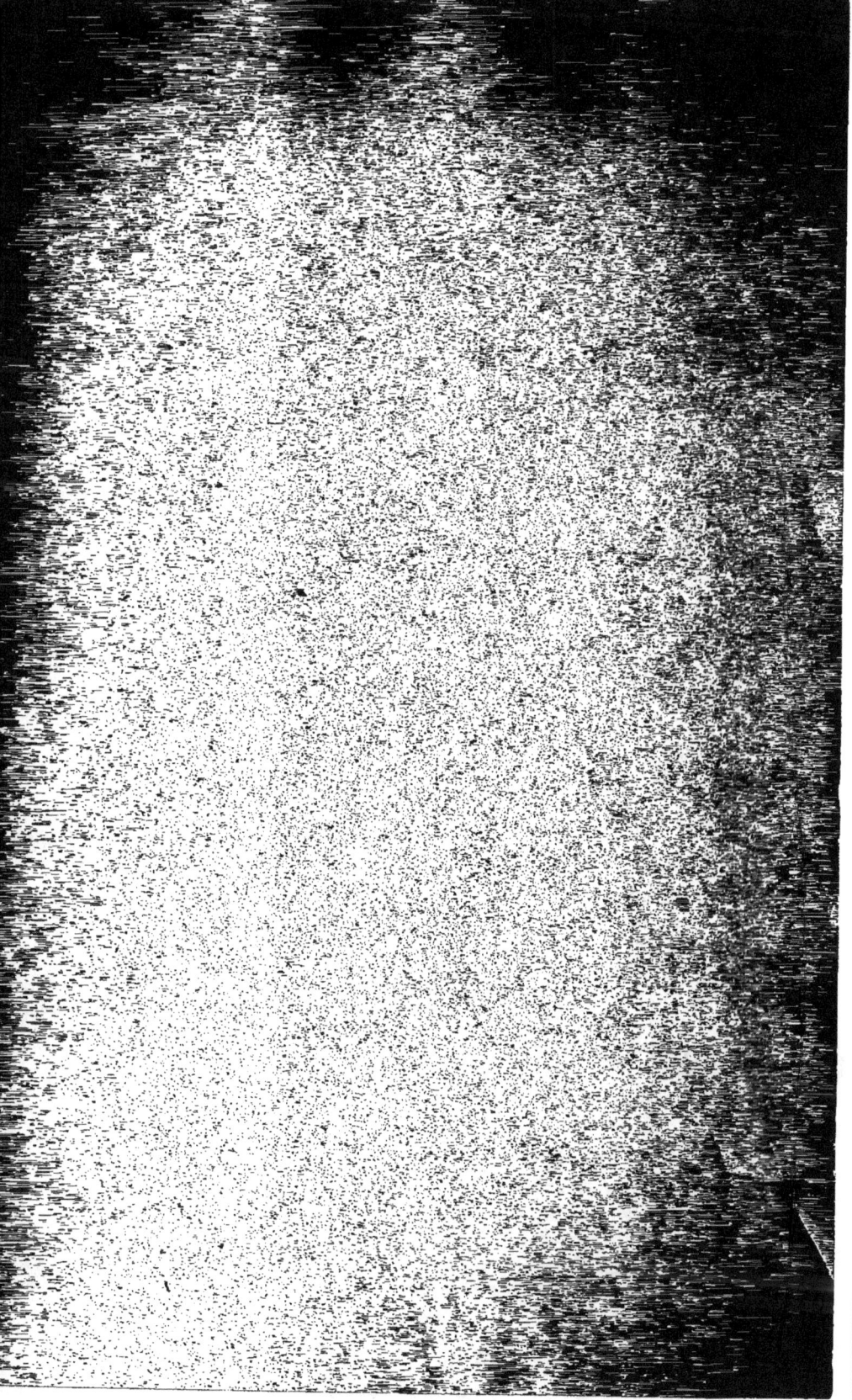

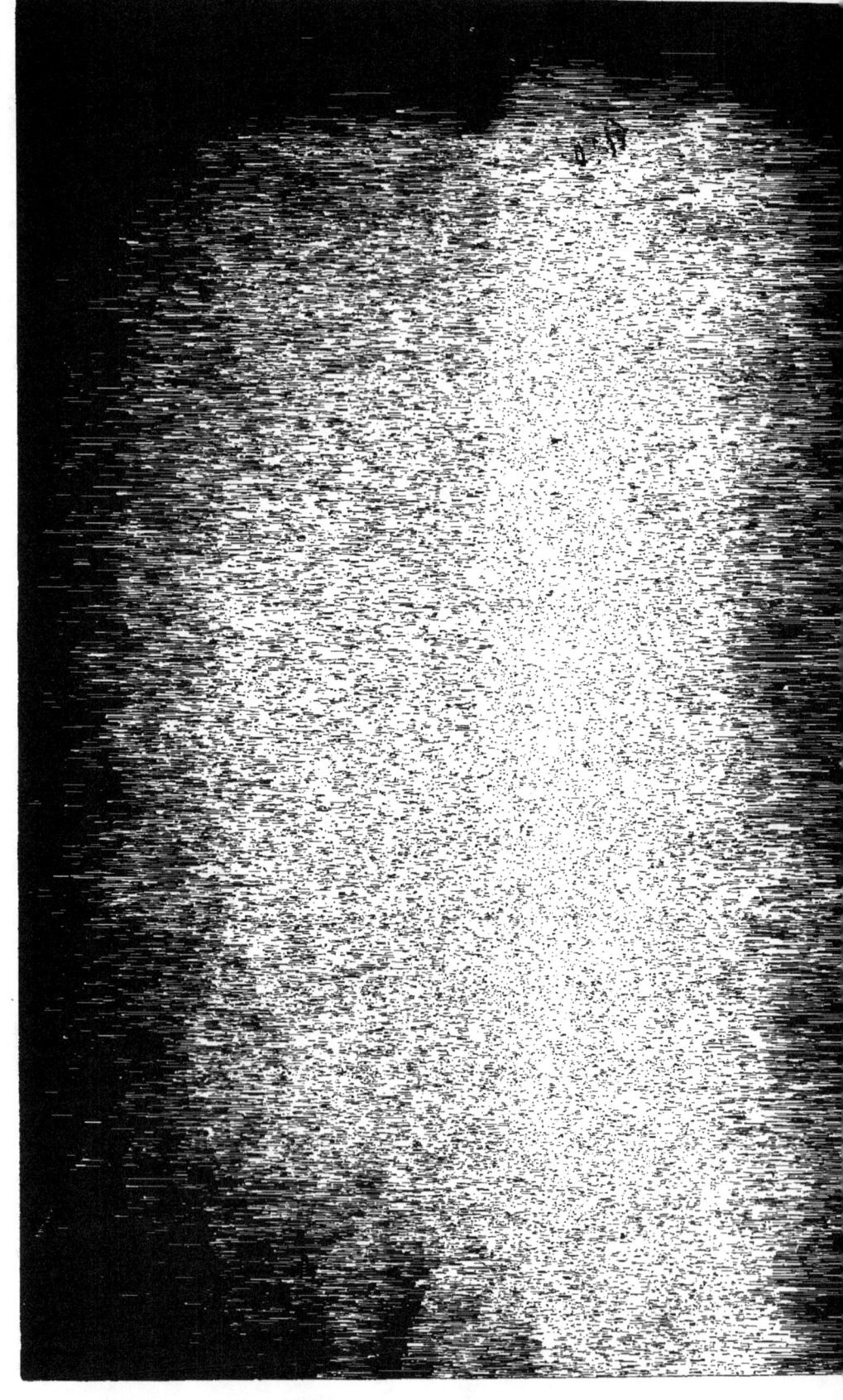

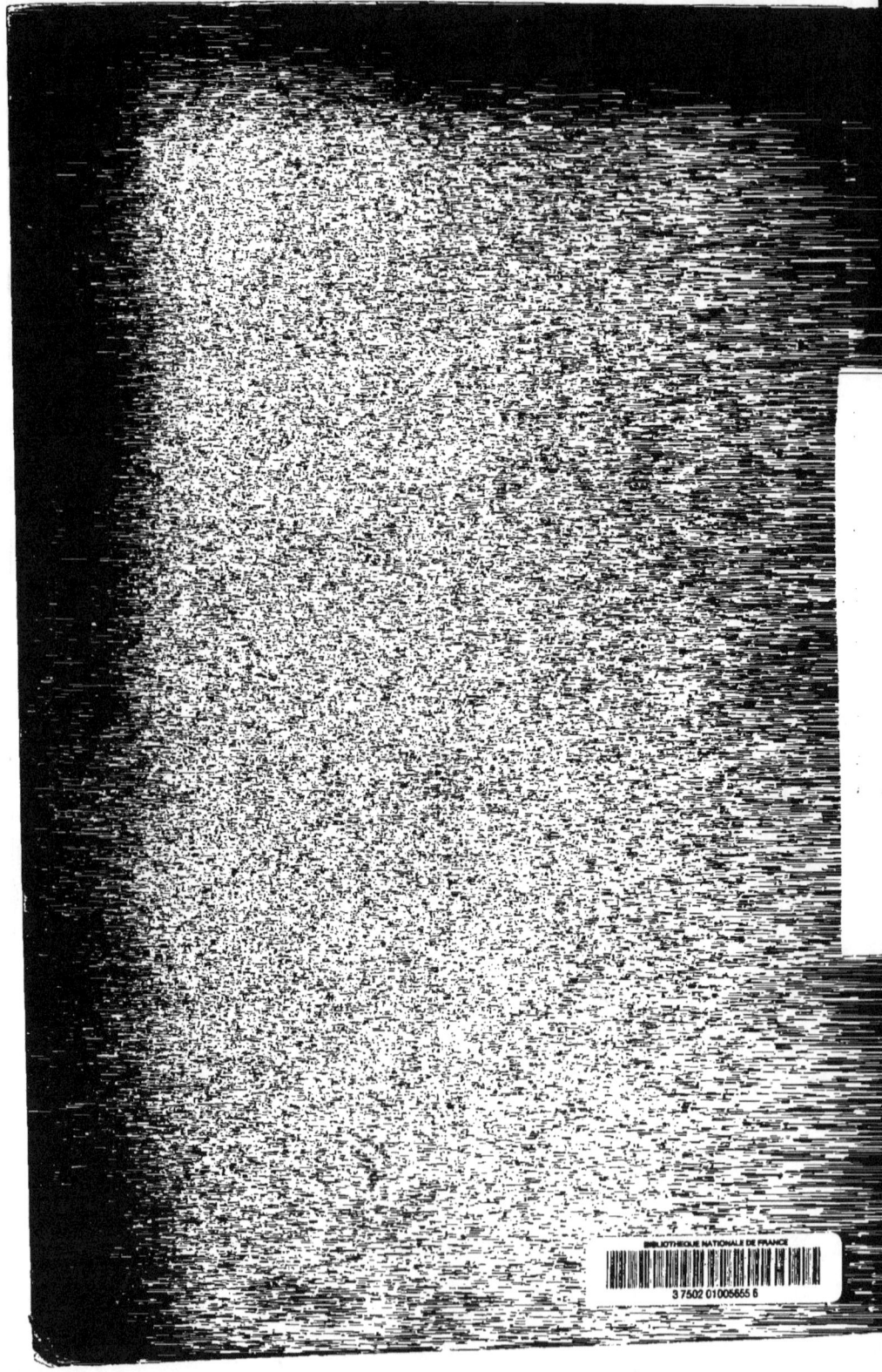

www.ingramcontent.com/pod-product-compliance
Lightning Source LLC
Chambersburg PA
CBHW060448050426
42451CB00014B/3236